Sylvio J. Godon

VOM BETRAGEN

Knigge für Freimaurer

SALIER VERLAG

VOM BETRAGEN
Knigge für Freimaurer

Ein ganz persönlicher Ratgeber
von Sylvio J. Godon

Salier Verlag

ISBN 978-3-943539-90-5

2. Auflage 2021

Einbandgestaltung: Christine Friedrich-Leye, Leipzig
unter Verwendung des Motivs von Wladyslaw Szyszko:
«Der Freimaurer» (Bleistift, Buntstift), 2002,
Schneckenhof/Allgäu
Gestaltung und Herstellung: Salier Verlag, Leipzig

www.salierverlag.de

Allen meinen Brüdern und Schwestern
Freimaurern und Freimaurerinnen.

Meinem Vater Guido,
dem Freimaurer ohne Schurz.

Inhalt

«Und so einer unter uns
seinen Bruder beleidigt haben sollte,
der bitte es ihm ab
in seinem tiefsten Herzen.»

Aus einem Freimaurerritual

I Exkurs über das Betragen

Betragen ist ein aus der Mode gekommenes Wort. Im Alltag kaum mehr vorhanden, treffen wir es zum Beispiel noch in Schulzeugnissen unserer Kinder nach dem Motto «Sein/Ihr Betragen war …» an. Jedenfalls nimmt es in der Alltagssprache fast niemand mehr in den Mund, wenn er sich über Verhalten und Benehmen eines Menschen äußern möchte.

Schade eigentlich. Denn wie kein anderes Wort aus diesem Bedeutungsbereich vereint es und meint es das gesamte Auftreten und Verhalten eines Menschen, schließt also Bedeutungen mit ein wie: sich aufführen, benehmen, gebärden, präsentieren, zeigen, gerieren, anstellen, aber auch Bedeutungen wie auftreten und handeln.

Selbst das veraltete und wunderlich anzuhörende österreichische «sich gehaben» schließt es mit ein.

Denn ein «Gehabe Dich wohl» meint auch ein «Betrage Dich wohl und recht». Eine der schönsten Erklärungen des Betragens stammt, wie sollte es anders sein, von Knigge selbst und sei hier auszugsweise zitiert. Im Kapitel «Vom Betragen gegen Undankbare» seines Werkes «Über den Umgang mit Menschen» heißt es:

«Reden wir jetzt von dem Betragen gegen Undankbare. Ich habe bei mancher Gelegenheit erinnert, daß man auf dieser Erde auch bei den edelsten und weisesten Handlungen weder auf Erfolg, noch auf Dankbarkeit rechnen dürfe. Diesen Grundsatz soll man, wie ich dafür halte, nie aus den Augen verlieren, wenn man nicht karg mit seinen Dienstleistungen, feindselig gegen seine Mitmenschen werden, noch gegen Vorsehung und Schicksal murren will. Bei dem allen aber müßte man jeder menschlichen Empfindung entsagt haben, wenn es uns nicht kränken sollte, daß Menschen, denen wir treulich, eifrig und uneigennützig gedient, die wir aus der Not gerettet, denen wir uns ganz gewidmet, uns ihnen vielleicht aufgeopfert haben, daß diese uns vernachlässigen, sobald sie unsrer nicht mehr bedürfen, oder gar verraten, verfolgen, mißhandeln, wenn sie dadurch zeitliche Vorteile oder die Gunst unsrer mächtigen Feinde gewinnen können.

Doch wird der weise Menschenkenner und warme Freund des Guten sich dadurch nicht abschrecken lassen, großmütig zu handeln.

Ich erinnere nur nochmals dran, daß jede gute Handlung sich selbst belohnt, ja, daß der Edle eine neue Quelle von innrer Freude aus der Undankbarkeit der Menschen zu schöpfen versteht, nämlich die Freude, sich bewußt zu sein, gewiß uneigennützig, bloß aus Liebe zum Guten, Gutes zu tun, wenn er voraus weiß, daß er auf keine Erkenntlichkeit rechnen darf.

Er bedauert die Verkehrtheit derer, die fähig sind, ihres Wohltäters zu vergessen, und läßt sich dadurch nicht abhalten, den Menschen zu dienen, die seiner Hilfe um so nötiger bedürfen, je schwächer sie sind, je weniger Glück sie in sich selbst, in ihren Herzen haben.»

Was soll ich als Freimaurer tun? Wie in meinem Umfeld handeln? Wie mich betragen?

Mein Bruder!

Mir geht es in der vorliegenden Schrift nicht darum, den Bruder auf ein bestimmtes Betragen festzulegen oder zu verpflichten. Ich hebe auch nicht den Zeigefinger.

Aus meiner Sicht, Beobachtung und Erfahrung möchte ich Dir einige sehr persönliche Antworten auf jene Fragen geben.

Ich möchte Dir dazu etwas sagen, worauf ein Freimaurer im Umgang mit sich selbst, mit Brüdern, der Familie, dem Beruf und der Öffentlichkeit achten sollte. Generell, aber auch im Detail, denn oft sind es die kleinen Dinge, Gesten und Worte, die Wirkkraft entfalten können, im Negativen wie im Positiven. Freiherr von Knigge, selbst ein Freimaurer, sagt bereits auf sehr schöne Art, worauf es im Betragen eines Bruders ankommt: auf das Gute.

Das Gute tun «bloß aus Liebe zum Guten». Und zwar: auf uneigennützige und großmütige Weise, selbst Undankbaren gegenüber. Ohne jemals auf Erkenntlichkeit zu hoffen.

Warum? Weil jede gute Handlung sich selbst belohnt. Es ist die reine, wahre Menschenliebe, die Knigge meint, die Herzensvernunft, die schlichte, vorbehaltlose Hinwendung zum Anderen, die Agapé, und ich kann ihn da gut verstehen, mehr noch: Ich bin voll und ganz auf seiner Seite.

Wie die Morgenröte ist die Freimaurerei in mein Herz gekommen – vor 32 Jahren als ich Student in Tübingen war, in der Loge «Johannes zum wiedererbauten Tempel» in Ludwigsburg – und hat meine Ansichten über das, was zu tun ist im Leben, was wichtig ist und was nicht, revolutioniert. Sie hat mir die Augen für das Wesentliche geöffnet. Seither trägt sie mich und mein Leben, und ich trage sie. Mit Wonne und Würde trage ich sie durch die Geschicke, selbst durch Niederungen und Abgründe. Abends begleitet sie mich in den Schlaf, und am Morgen stehe ich mit ihr wieder auf.

Immer ist es ein Zusammenspiel von Passivität und Aktivität, von Selbstwahrnehmung und Selbstbeobachtung auf der einen und tätigem, den Sachzwängen gehorchendem Unterwegssein in der Gesellschaft auf der anderen Seite, das zur Erkenntnis, zur Entscheidung und zum brüderlichen Handeln führt.

Die Freimaurerei führe ich nicht im Schilde. Ich habe erkannt: Sie ist weder ein Ausweis noch ein Abzeichen. Sie ist eine in mir heranwachsende Lebenshaltung, einzig und allein dem Menschlichen verpflichtet.

Sie kann nach außen hin sichtbar werden, sie muss es aber nicht. Wie alles entwickelt sie sich aus sich selbst heraus und um ihrer selbst willen an nur einem Ort. Der einzige Ort, der das sein kann, ist das Herz, die Wohnstätte der Seele.

Ohne Herz und ohne Leidenschaft für die Schöpfung, das Menschsein schlechthin und das Menschliche in jedem Menschen kann ich mir das Dasein als Freimaurer nicht vorstellen.

Dieses Herz und diese Leidenschaft sollen im Betragen und in der Arbeit eines Freimaurers zum Ausdruck kommen und wirken.

Dabei ist es vollkommen unerheblich, wie lange jemand in der Freimaurerei oder einem weiterführenden System der Freimaurerei ist. Einmal Bruder, immer Bruder, Freimaurer-Bruder – und für jenen ist dieser kleine Knigge gedacht.

«Die Seele hat die Farben
Deiner Gedanken.»

Marc Aurel
(röm. Kaiser und Philosoph)

«Damit er umso ruhiger in sich
hineinschaut bei dem,
was er vernimmt.
Denn, was er sucht, vermag er nur
in seinem Inneren
zu finden.»

Aus einem Freimaurerritual

II Mensch unter Menschen

Gegenüber mir selbst

Als Freimaurer stehe ich in einer ganz besonderen Verantwortung gegenüber mir selbst. Erfahrenere Brüder setzen großes Vertrauen in mich und halten mich freimaurerischer Weihen für würdig. Sie gehen davon aus, dass ich gewillt bin, mein Leben lang an meiner Vervollkommnung zu arbeiten.

Und sie erwarten, dass ich die daraus gewonnenen Erkenntnisse in freimaurerischer Haltung in meinem privaten und öffentlichen Leben zum Wohle aller Menschen umsetze.

Ich habe bei meinem Eintritt in die Freimaurerei gelobt, mich fortan mit Kopf, Herz und Hand aus voller Kraft für die Humanität einzusetzen. Das setzt voraus, dass ich mit mir selbst im Klaren und Reinen darüber bin und das Streben nach Humanität als mein persönliches Lebensziel erkannt habe. Mit ebenso großem wie offenem Herzen strebe ich dieses Ziel an.

Es kann also fortan nicht sein, dass ich dies in meinem Leben jemals nicht zu beachten versuche.

Das Gelöbnis ist ein grundsätzlicher Appell an mich selbst, ja ein Versprechen vor anderen mir selbst und anderen gegenüber, der Mitmenschlichkeit und der Brüderlichkeit nicht zuwider zu handeln, sondern diesen beiden vor allem in Demut zu dienen. Der Verpflichtungsgrad in der Freimaurerei, nicht nur gegenüber den freimaurerischen Institutionen, sondern auch ganz allgemein in einem ethisch-moralischen Sinn mir selbst und allen anderen Menschen gegenüber, insbesondere den Brüdern, ist sehr hoch. Ich bin ihn eingegangen, und das hat Konsequenzen.

Menschenliebe, Toleranz, Brüderlichkeit, Selbstdisziplin, Beharrlichkeit, Geduld und Demut sind gefragt, gegenüber mir selbst, aber auch gegenüber anderen, wenn ich meinen freimaurerischen Pflichten nachkommen möchte.

Als Freimaurer richte ich mein gesamtes Empfinden, Denken, Urteilen und Handeln auf das persönliche Ziel, Humanität zu üben, zu fördern und zu mehren.

In der Familie

In der Familie, der Patchwork-Familie, der Lebenspartnerschaft bin ich als Freimaurer ein liebender Vater und Partner. Ich stelle mich den Wahrheiten und lebe mein Leben redlich. Ich begegne dem Partner, meiner Frau und meinen Kindern mit Liebe, Würde, Aufrichtigkeit, Geradlinigkeit, Respekt, Hilfsbereitschaft, Edelmut und Treue.

Im Zusammenleben erstrebe ich das Einende, Verbindende und Wachsende, nicht das Entzweiende, Trennende, Absterbende.

Ich suche den Bau, nicht den Abriss, ziehe konstruktives Wirken dem destruktiven vor, vermeide, so gut ich es kann, den Missklang und strebe im Ganzen nach Harmonie. Nach Kräften fördere ich die Partnerschaft und die Kinder.

Ich beuge Entwicklungen vor, die das seelische Wohlbefinden und organische Gedeihen der Familie, der Partnerschaft und meiner selbst gefährden könnten und damit die Harmonie aller.

Meiner(m) Partner(in), meiner Frau und meinen Kindern gegenüber versuche ich in freimaurerischem

Sinne ein Vorbild zu sein. Mein Wollen des Guten und mein Streben nach Humanität lege ich ihnen gegenüber offen, mache es transparent und wahrnehmbar.

Gleichzeitig gebe ich immer wieder zu erkennen, dass ich ihnen gegenüber und in den Dingen des Lebens ein ewiger Lernender bin und bleiben werde.

Auch in schwierigen, unübersichtlichen oder gar dramatischen Situationen und Lebenszeiten trachte ich danach, mir einen freien Geist, die vorurteilsfreie Wahrnehmung meiner selbst und meiner Umgebung sowie ein unabhängiges Urteilsvermögen zu bewahren.

Dies gilt für das Geschehene, das Geschehende und für das Geschehen, das ich auf mich zukommen sehe. Ich bin bereit, mein Gewissen zu ergründen, auf es zu hören. Mich selbst und andere prüfe ich nach bestem Wissen und Gewissen.

So kann ich es vermeiden, gewollt (aus überbordender Leidenschaft) oder ungewollt (aufgrund schicksalhafter Verquickungen) einer Lebenslüge Vorschub zu leisten.

Sind negative Entwicklungen in der Partnerschaft, in der Familie, nicht mehr zu verhindern, versuche ich für Frau und Kinder, in Lebenspartnerschaften für den

Partner, das Beste daraus zu machen und achte dabei auch darauf, dass ich selbst in der Seele nicht zu Schaden komme.

Im Beruf

Als Freimaurer bleibe ich im Berufsleben unerkannt. Symbole, die mich als solchen zu erkennen geben würden, trage ich in der Regel nicht am Revers, mit Ausnahme des einen oder anderen Anlasses vielleicht, den ich für würdig befunden habe.

Ich halte mich an das Arkanum.

Ich gehe mit der Freimaurerei nicht hausieren.

Werde ich auf das Zeichen an meinem Revers oder die Freimaurerei im Allgemeinen angesprochen, obliegt es der Situation, kommt es auf den Fragenden an, ob ich auf die Frage eingehe, zur Freimaurerei stehe und mich zu erkennen gebe.

Ob ich das tue, entscheide ich für mich allein nach bestem Wissen und Gewissen. Dabei ist es unerheblich, ob eine Frau oder ein Mann die Frage stellt.

Tue ich es, spreche ich unter keinen Umständen über die Mitgliedschaft anderer Brüder oder nenne deren

Namen. Allein die nicht mehr lebenden und bekannten Brüder Freimaurerei aus der Kultur, Literatur, Musik und Politik mögen da eine Ausnahme sein.

Was und wieviel ich über die Freimaurerei spreche, bezieht sich ausschließlich auf mich selbst und mein persönliches Denken, Fühlen und Betrachten der Freimaurerei.

In Habitus, Umgang, Sprechweise, Verhalten, Urteilsvermögen, Entscheidungen und Handlungen darf spürbar werden, dass ich ein Suchender bin, der sich der Humanität verpflichtet hat. Das muss ich nicht verbergen.

Im Berufsleben trete ich Unrecht wie unmenschlichem Handeln entgegen. Vorsätzliches Täuschen, Hintergehen und Ausnutzen von Kollegen toleriere ich nicht.

Bin ich Mitarbeiter, leiste ich meinen positiven Beitrag zum Ganzen und zum Erfolg.

Bin ich Führungskraft, strebe ich danach, meinen MitarbeiterInnen ein Vorbild in menschlichem Umgang und Handeln zu sein, im Sinne des Ganzen positiv zu gestalten und den Erfolg zu teilen.

Misserfolge halten mich nicht davon ab, weiterhin so zu verfahren.

«Man kann nicht zweimal
in denselben Fluss steigen.»

Heraklit von Ephesos
(griech. Philosoph)

«So nimm das Thier, mein Bruder,
wonach Dein Herz begehrt,

Es ist, dass trauernd Du scheidest
von Deinem Bruder nicht werth,

Sei fromm und weis' im Reichthum,
und beuge vor Allah Dein Haupt,

Der, wie er Schätze spendet,
auch Schätze wieder raubt.»

Adelbert von Chamisso
Aus dem Gedicht «Adallah»

III Unter Brüdern

Bei der Begegnung und Begrüßung

Ein Bruder ist ein Bruder, ein Freimaurer. Einer der sich selbst aus freien Stücken in den Dienst der Menschenliebe, der Toleranz und der Brüderlichkeit gestellt hat. Also begegne ich ihm auch wie einem Bruder: aufrichtig, tolerant, empathisch, freundlich, offenherzig, wohl gesinnt, verbindlich, konstruktiv, hilfsbereit, ermunternd.

Er ist ein Bruder wie ich. Strebt wie ich nach Erkenntnis, Perfektion, Höherem. Er sucht wie ich das verlorene Wort. Möchte wie ich ein wahrer Mensch werden. Er hat Ängste, Nöte, Sorgen, aber auch Mut, Glück und Hoffnung wie ich. Meinem Bruder trete ich freudig und ohne Dünkel entgegen.

Ich sehe ihm bei der Begrüßung in die Augen, wenn ich ihm die Hand gebe oder ihn aus Freude umarme. Er ist, was die Verpflichtung und das Ziel angeht, Menschenliebe zu üben und zu fördern, aus demselben Holz, ein Weggefährte, der sich freut, einem ebensolchen zu begegnen. Ein Empfindsamer, der das Wahre, Gute und Schöne sucht.

Er ist ein Wanderer auf den Pfaden der Tugenden, den ich schon lange nicht mehr oder erst kürzlich gesehen habe, dem ich sehr nah, nah oder respektvoll etwas distanzierter gegenüber stehen kann, je nachdem wie lange ich ihn kenne, je nachdem wie sehr uns etwas eint, trennt oder verbindet.

Vorhaltungen, Heimlichkeiten, Einflüsterungen, Spott, Ironie, Schimpfworte und Häme in Gegenwart eines Bruders, vor allem nicht anwesenden Brüdern gegenüber, sind schnell wirkendes Gift für die Brüderlichkeit.

Sie sind menschlich verwerflich und gerade während einer brüderlichen Begegnung absolut fehl am Platz.

Ich will und muss sie nicht hören und ertragen und mein Bruder ebenso wenig.

Ein einziges unschönes fahrlässig dahin gesprochenes Wort kann ungeahnte Folgen haben für mich selbst, für den Bruder, für die Bruderschaft.

Jegliches Negative, das während einer Begegnung mit einem Bruder geäußert wird, beeinträchtigt meinen

Bruder und mich selbst dabei, Bruder zu sein. Ich bemühe mich, in der Begegnung mit dem Bruder das Positive zu sehen und es auch anzusprechen.

Das hilft und stärkt uns beide für das vor uns liegende Leben. Begrüße ich meinen Bruder, strebe ich danach, ihn als das wahrzunehmen und zu verstehen, was er ist: ein Bruder, der sich bemüht wie ich.

Im Gespräch mit einem Bruder

Meinen Bruder spreche ich offen und vertrauensvoll an. Ich gebe ihm das Gefühl der Mühe um ihn, dass ich ihn als Mensch und Bruder wahrnehmen und verstehen möchte. Ich bin höflich zu ihm. Ich lasse ihn erkennen, dass ich interessiert an ihm bin und daran, wie er das Leben sieht.

Besonders und erst recht dann, wenn ich weiß, dass der Bruder gerade mit widrigen Lebensumständen zu kämpfen hat. Aufgeschlossenheit für seine Probleme und Sorge um sein Dasein und Wohlbefinden leiten mich dabei.

Meinen Bruder versuche ich vom Beginn des Gespräches an in seiner Grundbefindlichkeit zu erfassen; nur so gewährleiste ich, dass ich nicht an ihm und wir nicht aneinander vorbeireden. Ich halte mir vor Augen, dass mein Bruder, unabhängig von dem Grad, den er möglicherweise erreicht hat, ein Suchender ist wie ich.

Wenn mein Bruder nicht, nur kurz oder nicht länger mit mir reden oder über etwas sprechen will, was immer es auch sei, so akzeptiere ich das.

Gegebenenfalls nehme ich mich in meinem Überschwang zurück, wechsele das Thema oder ziehe mich zurück, sofern es mir geboten erscheint, nicht ohne ihm zu signalisieren, dass ich seine Befindlichkeit erkannt habe und bereit bin, diese zu beachten.

Dies geschieht auf eine würdevolle und brüderliche Weise.

Ich bin nicht falsch, ich spreche nicht mit zwei Zungen, führe nichts im Schilde, bereite keinen Hinterhalt vor, verfolge keine Absichten (und sollte ich diese einmal haben, so spreche ich sie in positiver Form direkt an).

Ich bin denkend, fühlend und sprechend ganz in der Gegenwart meines Bruders.

Von vorneherein und schließlich habe ich Respekt: vor dem Bruder, vor dem, was er ist, vor dem, was er darstellt und vor dem, was er zu erreichen sucht.

Ich höre genau hin, was er mir sagen oder mitteilen möchte, denn auch ich möchte gehört werden wie ein Bruder.

Ich achte auf mein Gewissen, meine Worte, meine Haltung, meine Gesten und mein Handeln – sie sollen nicht etwas anderes vermitteln, als ich zu fassen versuche, wirklich sagen, in der Gegenwart des Bruders zum Ausdruck bringen möchte.

Mein Bruder hat aufgrund unseres brüderlichen Zusammenhanges per se ein Anrecht auf Respekt, Ehrlichkeit und die Wahrheit.

Diese sind die Voraussetzung und der Garant für brüderliches Verständnis.

Bei der Unterhaltung unter Brüdern

Unabhängig davon, ob ich der Erste oder der Letzte bin, der zu einer Veranstaltung in der Loge kommt, oder, ob ich zu einem anderen Zeitpunkt eintreffe: Ich begrüße alle Brüder der Reihe nach höflich und achte währenddessen auf ihre Signale, ob sie zu einem ausgedehnteren Gespräch bereit sind oder es möglicherweise sogar wünschen oder vielleicht nicht wünschen.

Sie sind schon eine Weile da und ich bin der Hinzukommende. In keinem Fall platze, stolpere oder dränge ich in bereits bestehende Gesprächsrunden von Brüdern hinein.

Zuvor vergewissere ich mich, ob die Begrüßung passend und geboten erscheint oder, ob es nicht besser ist, eine Weile gebührenden Abstand zu halten, zu warten und vielleicht zuvor andere Brüder zu begrüßen.

Allenfalls geselle ich mich, sofern die Gesprächsrunde nicht von vorneherein einen geschlossenen und besonders vertraulichen Eindruck erweckt, der wortlos die Einhaltung von Distanz signalisiert, abwartend hinzu und warte den passenden Moment ab, in dem ich das Wort ergreife.

Jeder Bruder hat ein Anrecht darauf, individuell und persönlich wahrgenommen zu werden und verdient den Respekt, gegebenenfalls nicht unnötig in einem Gespräch oder einer Beschäftigung, der er gerade nachgeht, gestört zu werden.

Ich habe nicht das Recht, mich darüber hinwegzusetzen.

Wenn ich dabei bin, mir etwas zu trinken oder zu essen zu besorgen, achte ich darauf, ob ein Bruder in meiner Nähe vielleicht auch etwas wünscht und biete ihm an, es ihm mitzubringen.

Brüdern, die schlecht zu Fuß sind oder gebrechlich, schenke ich besondere Aufmerksamkeit und erkundige mich, ob ich ihnen in irgendeiner Form Hilfestellung leisten kann.

Ich dränge mich dabei jedoch nicht auf.

Grundsätzlich sind unter Brüdern, je nach dem Bekanntheitsgrad untereinander, Gespräche zu allen Themen, vom allgemeinsten bis zum speziellsten, individuellsten möglich.

Niemals jedoch empfiehlt es sich, das Gespräch auf ein Thema zu lenken, das einem Bruder unangenehm ist oder ihn gar dazu zu zwingen.

Bemerke ich, dass ich unverhofft auf ein solches, für meinen Bruder unangenehmes Thema stoße, lasse ich von diesem höflich ab und wende mich einem anderen Gesprächsstoff zu.

Habe ich unwissentlich ein meinen Bruder desavouierendes Thema berührt und erkenne dies im selben Moment, in dem ich es angesprochen habe, so bitte ich meinen Bruder auf der Stelle brüderlich um Verzeihung und um Nachsicht.

Unter Brüdern im Gespräch bin ich des brüderlichen Herzens großzügig voll, interessiert, mitfühlend, wohlwollend, Hilfestellung gebend, lösungsorientiert, zuversichtlich. Von meiner Seite ist der Gesprächsverlauf getragen von meiner Empathie für die Brüder und ihre Geschicke.

Konflikte lasse ich nicht entstehen. Ich beuge ihnen vor und meide sie weise.

Entstehen im Gespräch unter Brüdern ohne mein Zutun unverhofft Konflikte, so versuche ich diese vorsichtig mit Würde und dem gebotenen Feingefühl im brüderlichen Geist der Agapé (nicht der Geselligkeit) und im Miteinander zu klären, aufzulösen und beizulegen.

Habe ich selbst Anteil am Entstehen des Konfliktes und habe dies auch erkannt, so bin ich der Erste, der den geordneten Rückzug antritt, sich entschuldigt, die Situation zu entschärfen sucht und alles dafür tut, dass die Brüder den Konflikt nicht vorantreiben, sondern diesen beilegen. Beim Schreiben von Briefen, E-Mails und bei Telefonaten gilt dasselbe.

Laut denken und trefflich streiten

In meiner Loge bin ich gern. Sie ist für mich wie ein zweites Zuhause und in vielerlei Hinsicht auch meine geistige Heimat. Hier finde ich das Aufklärerische, das Symbolische, die Tradition der Steinmetz-Zünfte. Hier darf ich Mensch sein, redend, schweigend, philosophierend. Hier kommt mein Bedürfnis nach geistiger Auseinandersetzung, nach sittlich-moralischer Bildung zum Tragen und hier kann ich auch gesellig sein.

Ich habe als Student an die Tür meiner Loge geklopft und Aufnahme gefunden bei der innigen Suche nach gelebten Werten wie Freiheit (im Denken), Menschenliebe (im Verhalten), Gerechtigkeit (im Handeln), Toleranz (in der Begegnung), Vernunft (im Sprechen), Gleichheit (im Bewusstsein) und Brüderlichkeit (im Fühlen).

Mein Bestreben war und ist es, einem Kreis von Menschen anzugehören, in dem ich frei über das Menschsein, die Dinge des Lebens und der Welt nachdenken und sprechen kann – das Vergangene, das Seiende, das Werdende, ohne dem Anderen gegenüber in weltanschaulicher oder religiöser Hinsicht missionarisch, parteiisch oder dogmatisch auftreten zu sollen oder zu müssen.

«Laut denken mit einem Freunde» hat unser Bruder Lessing das einmal genannt, was die Loge auch ausmacht.

Ich möchte hinzufügen «und unter Brüdern trefflich streiten zu können». Damit meine ich zuallererst die Fähigkeit zum freien und ungezwungenen, brüderlichen Dialog.

Dieser ist stets ernsthaft, diszipliniert, also «trefflich», darum bemüht, in einer durchaus im Wettstreit der Argumente ausgetragenen Diskussion zu einem alle um Erkenntnis bereichernden Ergebnis zu kommen und persönliche Ausfälle oder Beleidigungen zu meiden.

Ein Miteinander-Sprechen, das die Würde des Gegenübers nicht herabsetzt und verletzt, der gesittete Respekt voreinander, unabhängig von Alter, Zugehörigkeit und Position in der Loge, der absolute, bewusste und selbst auferlegte Verzicht auf die Verwendung verunglimpfender Worte und der Wille und die Fähigkeit, auftretende Meinungsverschiedenheiten und Konflikte konstruktiv meistern und beilegen zu wollen, kennzeichnen ihn.

Als Freimaurer übe ich mich gemeinsam mit meinen Brüdern darin, andere Meinungen auszuhalten und mich mit Kritik zu befassen. Brüderlicher Dialog zeichnet sich in Diskussionen durch Gesprächstugenden aus wie: dem Anderen zuhören, ihn versuchen zu verstehen, einander in Ruhe und mit der gebotenen Aufmerksamkeit aussprechen lassen, Argumente finden, sie gemeinsam abwägen, Schlussfolgerungen aus dem Gesagten ziehen, Erkenntnisse für sich selbst und/oder die Brüder und die Loge gewinnen.

Manchmal empfiehlt es sich bei Gesprächen der Bruderschaft, beispielsweise über eine Zeichnung oder ein Problem, einen Bruder zum Gesprächsleiter zu benennen, der Erfahrung in der Diskussionsleitung hat und eine Rednerliste führt. Einem Bruder wie diesem fällt es in der Regel leichter, auf die Einhaltung des brüderlichen Umgangs, der Redezeiten und der Reihenfolge zu achten.

Meine Loge lebt und arbeitet im 21. Jahrhundert, in Zeitgenossenschaft großer Umbrüche in Wissenschaft und Technik und Gesellschaft. Als eingetragener Verein gestaltet sie öffentliches Leben mit. Sie ist kein unpolitischer Raum. Weder in Bezug auf ihre Mitglieder, noch auf die Themen, die in ihr zur Sprache kommen können.

Jeder Bruder bringt sein familiäres, berufliches und gesellschaftliches Umfeld und ein auch von dort her geprägtes Denken und Handeln mit in die Loge. Diskurse, Debatten, Diskussionen, Dispute, auch Konflikte können folglich auftreten und sollten nicht von vornherein unterbunden werden, da meine Loge auch ein Spiegel der Gesellschaft ist. Sofern solche Gespräche in brüderlichem Dialog geführt und Konflikte im selben Geist gelöst werden, können sie ein Gewinn für die Brüder, eine Bereicherung für die Loge sein und ein aktives Mitgestalten der Gesellschaft aus der Loge heraus ermöglichen.

«Der Mensch muss von innen her
mit Säulen und Bogen gestützt sein,
sonst zerfällt
der Tempel zu Staub.»

Marc Aurel

«Siehst du an jemandem einen Fehler,
so verbessere ihn sanft und zeige ihm,
worin er irrt. Bleibt dein Bemühen
erfolglos, klage dich selbst an,
oder, was noch besser ist,
klage niemanden an,
sondern bleibe weiterhin sanft.»

Marc Aurel

IV In der Loge

Vor der Tempelarbeit

Die Tempelarbeit nimmt unter den Veranstaltungen, die in einer Loge zum Tragen kommen, einen exponierten und nur schwer in Worte zu fassenden Rang ein. Sie ist besonders feierlich, gediegen und stimmungsvoll, sie dient der seelischen Erquickung, der geistigen Erbauung und der Pflege des brüderlichen Zusammenhalts in einer ganz besonderen und wunderbaren Weise.

Dies sollte bereits bei der Zusammenkunft der Brüder vor der Arbeit beachtet werden. Ich bin pünktlich (und als Beamter beizeiten zugegen).

Streitgespräche, Pöbeleien, Witzeleien, Unflätiges, Lästereien, Verunglimpfungen, lautstarke Einlassungen oder dergleichen mehr gehören hier nicht hin.

Vor der Arbeit versuche ich selbst mich und, soweit mir dies möglich ist, meine Brüder einzustimmen auf das bevorstehende Ritual.

Ich suche die Kontemplation, ob ich nun mitteilsam bin oder nicht. Dies bedeutet nicht, dass profane Gespräche nicht geführt werden dürften.

Doch gilt es zu bedenken, dass alle negativen Äußerungen, die ich mache, mich selbst und meine Brüder dabei stören könnten, sich auf die in Kürze beginnende Arbeit zu freuen und einzustimmen. Die Tempelarbeit verlöre dann möglicherweise schon vorab an Gehalt und Wirksamkeit.

Soweit nötig und sinnvoll, helfe ich, den Tempel einzurichten, das Anwesenheitsbuch bereitzustellen, die Vollständigkeit der Regalien zu überprüfen, Brüder Gäste zu begrüßen, zu bewirten und gegebenenfalls zu unterhalten.

Wenn der Zeremonienmeister vor die Tempeltür tritt und zu sprechen beginnt, verstumme ich sogleich und spreche nicht mehr, auch dann nicht mehr, wenn er mit den Beamten den Tempel betreten hat. Das individuelle und das kollektive Schweigen haben einen Sinn.

Das Schweigen ist die Vorbereitung auf das Arkanum im Tempel und das Arkanum in uns.

Wichtig: Ich kleide mich schweigend erst ein, wenn der Zeremonienmeister dazu aufgefordert hat, nicht schon vorher. Brüdern, die Hilfe beim Anlegen ihrer Schurze oder Bijous benötigen, helfe ich selbstverständlich und freudig.

Mit meinen Brüdern harre ich weiterhin solange still der Dinge, bis ich, der Aufforderung des Zeremonienmeisters folgend, schweigend mit ihnen den Tempel betrete.

Während der Tempelarbeit

Tempelarbeiten gehören zu dem Wundervollsten, Subtilsten und Erbaulichsten, das die Freimaurerei zu bieten hat.

Ich beraube mich selbst und meine Brüder generell der Erlebnisfähigkeit und speziell der Erlebnisqualität des jeweiligen Rituals, wenn ich während der Tempelarbeit unaufgefordert spreche, tuschele, einschlafe oder unvorhergesehen gestikuliere.

Der feierlichen Zeremonie nicht angemessen ist es und wirkt es, wenn ich im Tempel während der Arbeit unwürdig gehe oder sitze.

Vor der Arbeit habe ich mich auf das Ritual des jeweiligen Grades entsprechend eingestimmt.

Nun betrete ich den Tempel in angemessener Würde, Ehrfurcht und Demut in Erwartung der beginnenden Zeremonie. Ich folge den Anweisungen der Beamten, konzentriere mich auf die richtigen Bewegungen und Zeichen, widme mich dem Fortgang des Rituals nicht nur durch meine Anwesenheit, sondern mit Seele, Herz und Geist.

Den Beamten und dem Bruder Redner höre ich bei Ihren Ausführungen aufmerksam zu. Wenn es geboten erscheint und der Meister dazu auffordert, überbringe ich Grüße. Nach Ende der Tempelarbeit verlasse ich den Tempel ebenso würdig wie ich in betreten habe.

Nach der Tempelarbeit

Nach der Tempelarbeit verharre ich, bis der Zeremonienmeister dem Bruder, der die Tempelarbeit geleitet hat, für die Ausführung gedankt hat und die Batterien vollzogen sind.

Ich beginne nicht einfach drauflos zu sprechen, lege nicht überstürzt meine Regalien ab und gehe auch nicht voreilig zur Garderobe, um meinen Mantel zu holen, weil ich in Eile bin.

Ich verlasse den Tempelvorraum auch nicht aus anderen Gründen, sofern diese nicht zwingend sind.

Brüder, die neu in den Grad aufgenommen wurden, beglückwünsche ich auf das Herzlichste.

Sie sind nun Eingeweihte wie ich, und es versteht sich von selbst, dass sie dies auch brüderlich zu spüren bekommen sollten, wofür ich durch mein Betragen mitverantwortlich bin.

Sind nach den Tempelarbeiten Gesprächsrunden über die Zeichnung, Abendessen oder Tafellogen vorgesehen, nehme ich daran teil, sofern mich nicht familiäre oder berufliche Verpflichtungen zwingend davon abhalten.

Kann ich nicht teilnehmen, entschuldige und verabschiede ich mich höflich von den Brüdern und gebe mein Bedauern zu erkennen, nicht bleiben zu können.

Ich verabschiede mich von den Brüdern so wie ich sie begrüßt habe. Ich kann das auch in die Runde tun, wenn es eilt und Folgetermine mich binden.

Generell aber sollte der Abend der Loge gehören, der Tempelarbeit, dem brüderlichen Beisammensein und dem aufrichtigen Bemühen, einander in den Herzen, im Laut-Denken und im Geselligen verbunden zu sein.

«Lernen Sie,
sich über das Unabwendbare
zu erheben.
Bewahren Sie sich
auch in den
Stürmen des Lebens
die Freiheit und Unabhängigkeit
Ihres Geistes.»

Aus einem Freimaurerritual

V Bei Ämterübernahme

Meister vom Stuhl*

Als Meister vom Stuhl habe ich eine besondere und exponierte Stellung. Demgemäß exponiert anzusehen sind meine Pflichten und meine Verantwortung für die brüderliche Begegnung und den ebenso harmonischen wie feierlichen Verlauf derselben. In meinem gesamten Betragen bin ich immer verantwortlich für das gedeihliche Wachstum der mir anvertrauten Loge, den Zusammenhalt und die Harmonie unter den Brüdern meiner Loge.

Ich bin derjenige unter ihnen, der en Detail im Verhalten, in Worten und Taten am stärksten und am deutlichsten zum Ausdruck bringen soll, wie brüderliches

---

* Der Meister vom Stuhl ist nicht nur leitender Ritualbeamter, auch Vorsitzender der Loge und des Vereins. Was ich hier erläutere, sollte aus meiner Erfahrung auch für die Vorsitzenden von Logen in anderen und weiterführenden freimaurerischen Systemen gelten.

Miteinander und Gemeinschaft erlebt, gelebt und gepflegt werden können.

Deshalb haben meine Brüder mich in das Amt gewählt, deshalb habe ich meine Bereitschaft erklärt es zu übernehmen und deshalb übe ich es aus.

Andauernd bestrebt meinen Brüdern ein Vorbild zu sein, ohne in dieser Bemühung nachzulassen, bin ich stets offen und gesprächsbereit für sie. In der Loge, am Telefon, per Mail und während brüderlicher Besuche bei mir oder bei ihnen zu Hause.

Ich bin der «Spiritus Rektor», der es versteht, seinen Brüdern die Freude an der Freimaurerei, den weiterführenden Graden zu vermitteln und Tempelarbeiten unvergesslich zu gestalten und zu zelebrieren.

Im Denken, Fühlen und Handeln versuche ich, so gut ich es vermag, die Bruderschaft zusammenzuhalten. Ich höre, ich sehe, ich spüre. Ich gebe und nehme und das, was ich erhalte, teile ich.

Ich bemühe mich, der Zirkulationspunkt zu sein, das pulsierende Zentrum der Loge, für die Dauer der Amtszeit der Schlussstein zu sein, der das Gewölbe hält und es ziert wie jeder Stein, der es bildet.

Zum Ende des Jahres schreibe ich einen Rundbrief.

In ihm gebe ich nicht nur einen Rück- und Ausblick, sondern versuche auch die gegenwärtige Befindlichkeit der Loge zu erfassen, zu formulieren und ihr Richtung zu geben.

Jeder Bruder steht für sich. Doch alle wollen in ihrer Vielfalt auch das Gefühl der Einheit spüren und haben. Ich bin der Verantwortliche, der es ihnen gibt.

Meinen Brüdern begegne ich stets herzlich und brüderlich, auch bei Turbulenzen. Ich trachte danach, den vernünftigsten, ausgewogensten, gerechtesten und kühlsten Kopf von allen zu behalten, stets das gedeihliche und harmonische Wachstum der Loge vor Augen.

Disharmonien suche ich auszugleichen, bevor dies nicht mehr möglich ist. Ich habe alle Brüder meiner Loge im Blick, deren Wünsche, Sorgen und Nöte.

Ich respektiere jeden von ihnen in seinem So-Sein und seiner Besonderheit und bringe das auch durch mein Verhalten und meine Intonation zum Ausdruck. Ich kümmere mich um sie, so gut ich kann.

Konflikten beuge ich vor und kläre sie möglichst, bevor sie überhaupt erst richtig entstehen. Ich denke an die Brüder, die zur Beförderung anstehen und sorge dafür, dass dies auch geschieht.

Meine Brüder beziehe in die Gestaltung des Jahreskalenders mit ein und trage Sorge dafür, dass es auch ausreichend Anlässe gibt, sich außerhalb der Loge zu sehen. Ich spreche regelmäßig mit meinen Beamten, insbesondere dann, wenn es gilt, Tempelarbeiten vorzubereiten.

Mit meinen Beamten und den Atelierpräsidenten der Folgegrade arbeite ich eng und brüderlich zusammen.

Redner

Als Redner bin ich das Gewissen der Loge. Ich sollte jemand sein, der ganz besonders empathisch in und mit der Gemeinschaft der Brüder lebt und sich im Verfassen von Texten, in Ausdruck und Sprache nicht allzu schwer tut.

Wie der Meister vom Stuhl habe ich die besonderen Befindlichkeiten meiner Brüder allezeit im Blick.

Ich spüre Stimmungen, Ängste, Wünsche und Entwicklungen auf und bin auch bereit, diese zum Thema zu machen, sofern es mir dienlich für die Gesamtentwicklung der Loge erscheint.

Ich reflektiere in meiner Arbeit und in meinen Zeichnungen die besonderen Inhalte der jeweiligen Grade und scheue, wenn ich dies für angebracht halte, auch nicht davor zurück, diese in aktuelle und gesamtgesellschaftliche Zusammenhänge zu stellen.

Das geistige Leben der Loge trachte ich zu bereichern, indem ich eigene Akzente durch Jahres- oder Halbjahresthemen setze und meine Brüder dabei einbinde.

Die Brüder der Loge leben nicht außerhalb der Zeit, und die Loge ist auch eine Gemeinschaft, die in die Gesellschaft eingebunden ist. Bei der Themenauswahl, den Beförderungsarbeiten und der Heranführung der Brüder an das Redneramt achte ich darauf, dass sich die Brüder angesprochen fühlen und von selbst die Motivation entwickeln, in der Loge Reden zu halten. Der Geist der Loge lebt von der geistigen Vielfalt seiner Mitglieder.

Als Redner bin ich verantwortlich dafür, dass diese Vielfalt auch zum Tragen und den Brüdern zu Gehör kommt.

Sekretär

Bin ich Sekretär, bekleide ich eines der wichtigsten Ämter in der Loge überhaupt. Ich bin der Umschlagplatz aller Nachrichten und Informationen aus dem In- und Ausland, die die Loge, die Brüder betreffen.

Ich kommuniziere die Neuigkeiten zeitnah und sorgfältig. Das gilt insbesondere für Informationen von benachbarten und befreundeten Logen, zu denen regelmäßiger Kontakt gehalten wird.

So sorge ich dafür, dass die Brüder nicht nur die eigene Loge als Gemeinschaft erleben können, sondern, sofern sie es möchten und die Zeit dazu haben, auch die europa- und weltweite Bruderkette. So haben alle Brüder die Möglichkeit am Logenleben teilzunehmen, auch diejenigen, die wegen einer Krankheit, eines Auslandsaufenthaltes oder aus einem anderen Grund für längere Zeit nicht in die Loge kommen können. Vernachlässige ich die Amtsführung, kann das Logenleben sehr darunter leiden, wenn nicht sogar zum Erliegen kommen.

Daher halte ich mich selbst und meine Brüder ständig auf dem Laufenden. Ich arbeite gern und eng mit meinem Meister vom Stuhl zusammen und garantiere ihm, dass auch alle für die Brüder notwendigen Informationen, Nachrichten, Mails, Einladungen und Protokolle von seiner Seite im Umlauf sind.

Je genauer, ausführlicher und engmaschiger ich den Informationsaustausch unter den Brüdern organisiere und bewerkstellige, desto besser sind die Voraussetzungen dafür, dass eine Loge ordentlich und in Harmonie arbeiten und wachsen kann.

Zeremonienmeister

Logenarbeiten, Tempelarbeiten sind im Idealfall perfekt inszenierte kleine Theaterstücke, positiv besetzte Dramen, ja Gesamtkunstwerke, die der seelischen Erbauung der Brüder dienen.

Ablauf, Sprache, Musik und Handlung sollen zu diesem Zweck eine möglichst perfekte Symbiose eingehen, eine Atmosphäre und Harmonie erzeugen, von der die Brüder zehren und von der sie etwas mitnehmen können in ihre alltäglichen Zusammenhänge.

Während der Meister vom Stuhl durch Körperhaltung, Mimik, Gestik und Sprechweise für die gutmeinende und auf das Wohl der Brüder zielende emotionale Grundstimmung verantwortlich ist, übernimmt der Zeremonienmeister die Rolle des vor allem durch seine Gestik perfekt mit dem Meister harmonisierenden Regisseurs und Dirigenten einer Logenarbeit. Pünktlichkeit ist eine hohe Tugend und ein jeder Bruder hat ein Anrecht darauf, dass die Logenarbeit, das Zusammenkommen mit seinen Brüdern, für das er sich Zeit genommen hat, zur rechten, im Kalender angekündigten Zeit beginnt.

Habe ich das Amt des Zeremonienmeisters übernommen, so bin ich dauerhaft bemüht, zeitig in der Loge zu sein und gemeinsam mit den anderen Brüder Beamten dafür zu sorgen, dass die Arbeit pünktlich und in harmonischer Weise beginnen kann.

Ich halte Kontakt zu den anderen Beamten, vergewissere mich, dass der Tempel zur Arbeit bereitsteht, prüfe, ob alle Brüder eingetroffen sind und frage gegebenenfalls nach. Sobald der Meister vom Stuhl mir signalisiert, dass die Arbeit beginnen kann, rufe ich die Brüder zur Arbeit. Ich achte darauf, dass sie sich alle ins Anwesenheitsbuch eingetragen und sie ihre Regalien vollständig und ordentlich angelegt haben.

Dabei bemühe ich mich um einen ausgesucht brüderlichen und feierlichen Umgangston.

Vor, während und nach der Tempelarbeit neige ich in der Ausführung meines Amtes weder zu überbordenden Gesten, noch zu einer exaltierten, allzu überbetonten Sprache. Alles, was ich sage und tue, dient der getragenen und freundlichen Einstimmung der Brüder auf die beginnende Tempelarbeit und dem Halten dieser Stimmung während des gesamten Verlaufes der Arbeit.

Meine Haltung ist aufrecht, jedoch nicht verkrampft oder steif. Meine Augen sind im ständigen Kontakt mit den Hammer führenden Meistern und dem Musikmeister, und ich achte darauf, ob einer der Brüder während des Verlaufs der Arbeit Hilfestellung benötigt.

Ich möchte die positive Grundstimmung, die der Meister vorgibt, durch mein Tun und Verhalten mit in die Herzen der Brüder tragen und so meinen Beitrag zum Gelingen der Arbeit leisten.

Wenn Brüder auf Wunsch des Meisters ans Rednerpult oder in den Osten geführt werden sollen, bewerkstellige ich dies auf eine Weise, die der Feierlichkeit und Harmonie der Arbeit nicht schadet. Das gilt auch für unvorhergesehene Unterbrechungen der Arbeit. Die

Augen und die Blicke der Brüder sind auf mich gerichtet. Ich habe es mit in der Hand, ob eine Arbeit gelingt oder misslingt.

Bin ich mir dessen bewusst, bereite ich mich entsprechend vor, sammle mich und vermittle meinen Brüdern in meinem Wirken die Besonderheit der jeweiligen Arbeit.

Musikmeister

Je nach Zweck und Inhalt des vorgesehenen Rituals bin ich als Musikmeister für den musikalischen Grund verantwortlich, auf dem eine Tempelarbeit verläuft, und damit auch für die Grundgestimmtheit der Brüder. Die Auswahl der Musikstücke treffe ich entsprechend und in Absprache mit den Hammer führenden Meistern, dem Redner und dem Zeremonienmeister. In einer angemessenen Zeit vor der Arbeit muss ich dafür sorgen, dass die für die Arbeit notwendigen Musikstücke in der angemessenen Auswahl und Länge auch tatsächlich parat sind und zum Anlass passen, sobald die Arbeit beginnt. Insbesondere bei Aufnahmen und Beförderungen ist das ein absolutes Muss. Kaum etwas ist bedauerlicher, als vor einer Aufnahme feststellen zu müssen, dass die für die Aufnahme notwendige Musik nicht vorhanden oder nicht zugänglich ist.

Wie die Hammer führenden Meister und der Zeremonienmeister bin ich einer derjenigen Brüder, die verantwortlich sind für das Gelingen des Gesamtkunstwerkes Tempelarbeit. Ich beobachte den Verlauf der Arbeit genau, spüre dem Ritual und dem Befinden der Brüder nach und versuche, es so gut wie möglich musikalisch zu begleiten.

Ich achte mit Aufmerksamkeit und Freude darauf, dass wichtige Momente im Ritual nicht zu laut und nicht zu leise mit Musik unterlegt sind und sorge im Blickkontakt mit dem Meister vom Stuhl für fließende Übergänge zwischen den Text- und Musikpassagen.

«Der Mensch, der eine gute Tat
vollbracht hat,
soll nicht viel Aufhebens davon machen,
sondern zu einer neuen schreiten.»

Marc Aurel

VI In der Öffentlichkeit

Ich bin, der ich bin und werde der, der ich sein will: Ein Mensch, ein Freimaurer, ein Arbeitender an mir selbst und am Tempelbau der Menschheit; in meiner Familie, im Beruf, in der Gesellschaft, im sozialen Engagement, in der Freizeit.

Was wäre das für eine Freimaurerei, die ich nur auf mich selbst bezöge, die sich ausschließlich mit sich selbst beschäftigte, die sich selber nicht als elementarer Bestandteil, als Sauerteig und Motor freier und demokratischer Gesellschaften begriffe und nicht auch in ihnen wirkte?

Als Freimaurer entwickle ich alle meine Fähigkeiten, soweit ich sie erspüre, erkenne und so sehr es in meinen Möglichkeiten steht. Hin zur Menschenliebe. Zum Wahren, Guten und Schönen. Zum Wohl meiner Mitmenschen.

Freien Willens habe ich das eines Tages für mich erkannt, so gewollt, mir vorgenommen und gelobt, als ich ein Bruder geworden bin. Also denke, fühle und handle ich auch so und lasse in diesem Bestreben nicht nach.

Das tue ich aus meiner ganz persönlichen und individuellen Selbstverständlichkeit als Freimaurer heraus, aber auch in der begründeten Hoffnung, dass meine Mitmenschen mich in meinem Bemühen sehen und erkennen können, wenn ich darin nicht nachlasse und es, mein aufrichtiges Bemühen um das Mensch-Sein und die Menschenliebe, in mir zum Leuchten bringe.

Je mehr ich selbst zu leuchten vermag, desto höher ist die Wahrscheinlichkeit, dass wahre und schöne Menschenliebe aus mir in einem Maße leuchtet, in dem sie auch wahrgenommen werden kann.

Letztlich ist die Freimaurerei ein mindestens 300 Jahre altes, bislang noch rudimentär wahr gewordenes Ideal, Licht vom Lichte, das ich, hat es sich einmal in mir gezeigt, nähre, dem ich folge, solange ich es vermag, damit es stärker Wirklichkeit annimmt.

Was würde aus einem Ideal, das niemand sich zum Vorbild nähme, dem niemand folgte?

Was würde aus der Freiheit, der Gleichheit, der Brüderlichkeit, wenn wir nicht danach strebten?

Was würde aus der Toleranz und der Humanität?

Als Freimaurer gebe ich nicht vor, jemand zu sein, der ich nicht bin. Ich trage keine Masken, bin nicht janusköpfig und sage, was ich zu sagen habe. Falsches Zeugnis lege ich nicht ab. Ich bin wach. Ich nehme wahr.

Das Wahrgenommene entgegne ich meinem Gegenüber bewusst und ohne Abstriche, jedoch in der gebotenen Vorsicht, ihn dabei nicht zu verletzen und in der Hoffnung, dass er mich als Mensch erkennt, so wie ich darum bemüht bin, ihn als Mensch zu erkennen.

Ausflüchte suche ich nicht. Sie meide ich. Häufig führen sie auf Abwege. Noch häufiger zu falschen Annahmen. Ihnen folgen gern Missverständnisse, die in der Lage sind, über viele Jahre Errungenes, Erbautes und Gutes in wenigen Augenblicken zu zersetzen – im gesellschaftlichen Zusammenleben wie im brüderlichen.

Weil das so ist, handle ich so – wahrhaftig und aufrichtig freimaurerisch.

Alles in meiner Kraft Stehende unternehme ich, um mich selbst vor der Lüge zu bewahren.

Kämpfe in Worten, auch verzweifelte, führe ich nicht mit sich anbietenden Notlügen. Sie sind nicht selten willkommene Auswege, jedoch angesichts der Wahrheit immer die schlechtere Wahl, denn am Ende ist ihr Ergebnis eine Lüge, nur mit zeitlicher Verzögerung. Zwischen mir und meinem Bruder, mir und meinen Nächsten, mir und der Welt ist Wahrheit, und, ist sie es nicht, so strebe ich nach ihr mit allen meinen Kräften.

Die Wahrhaftigkeit in mir selbst, in meinen Mitmenschen, in der Schöpfung ist es, die mein Interesse weckt, die mich umtreibt, die ich um der tieferen Erkenntnis des Mensch-Seins willen studiere. In der Öffentlichkeit Freimaurer zu sein, das bedeutet, in Freiheit und im Geist der 30 Artikel der Allgemeinen Erklärung der Menschenrechte aus dem Jahr 1948 zu wirken, ausgehend vom grundlegenden Artikel 1:

«Alle Menschen sind frei und gleich an Würde und Rechten geboren. Sie sind mit Vernunft und Gewissen begabt und sollen einander im Geist der Brüderlichkeit begegnen.»

Die Quelle dieses Wirkens in mir ist tief empfundene Empathie für das Mensch-Sein als solches, unabhängig von Geschlecht, Weltanschauung, religiöser Überzeugung, Herkunft, Hautfarbe, Gesinnung und Neigung.

Öffentlich Freimaurerei zu leben und freimaurerisch zu handeln, heißt aber auch, meine Umgebung beständig wahrzunehmen, wach zu sein für das Geschehene, das Geschehen und das in Zukunft Geschehende, die Selbstwahrnehmung und die Fremdwahrnehmung.

Das heißt, in meinem Wissen, in meinen Erkenntnissen fortzuschreiten und mein Leben als eine Wanderung in Ehrfurcht und Demut vor dem Wirken der ewigen Gesetzmäßigkeiten begreifen zu lernen.

Mein Handeln erweitere, vertiefe und ergänze ich stets um meine neu gewonnenen Einsichten und Erkenntnisse. Auf diese Weise trage ich Sorge dafür, dass ich meinem Bestreben, der wahre Mensch zu sein, der in mir ist, nicht nachlasse.

«Vergessen Sie nicht,
dass Ihr Körper
Wohnsitz und Werkzeug
eines unsterblichen Geistes ist.»

Aus einem Freimaurerritual

VII Vom Licht

Licht ist vielleicht die wesentlichste Erscheinung unserer belebten Welt und Existenz. Wer wie wir Menschen täglich im Licht steht, von ihm umgeben ist, spürt das auch: körperlich, geistig, seelisch.

An dem Ort, an dem er lebt, in der Landschaft, der Flora, der Fauna, im Himmel, auf der Erde, auf der Haut, in Gedanken und dort in unserem Gewissen, wo gern einmal Düsteres auf uns wartet. Manchmal nur oberflächlich, manchmal bis mitten ins Herz.

Licht ist allgegenwärtig und, wenn es darum geht im Dunkeln Liegendes zu erhellen, prä- und omnipotent. Es verströmt ohne Unterlass Helligkeit, Glanz, Wärme, Wellen, Teilchen, scheinbar aus sich selbst heraus entstehende und Leben spendende Energie.

Ohne es sähen wir nichts, wären wir blind. In der Folge wäre die Wahrnehmung unseres Lebens nur die halbe, empfänden wir deutlich weniger. Nacht läge über uns statt Tag, Finsternis anstelle hellen Scheins. Das Frappierende, Beängstigende, Erschütternde und im selben Atemzug Faszinierende, Erstaunliche, Erquickende, aber Unergründliche an ihm ist die Tatsache, dass wir seine Quelle nicht kennen.

Wir wissen, die Sonne stößt es infolge ihrer seit Jahrmillionen andauernden Eruptionen permanent aus. Wir haben das erforscht. Es gibt Milliarden Sonnen, den Urknall und andere Theorien.

Doch wir kennen seinen Ursprung nicht. Licht erhellt die Welt, bescheint das Dingliche, beleuchtet das nicht Erkennbare, ermöglicht uns Erkenntnis. Es erleuchtet uns die Welt und uns selbst, wenn wir es wollen und uns selbst im äußeren oder inneren Licht betrachten.

Licht gibt uns Erleuchtung. Erleuchtung des Alls, des Seienden, des Seins, Erleuchtung des Geistes, des Verstandes und der Empfindung. Erleuchtung des Wesentlichen. Es verleiht uns Macht. Große Macht. Die ideelle, physikalische, chemische, technische, optische, quantenmechanische, atomare Macht zur Zerstörung, aber auch zum Aufbau, zum Schutz, zur Bewahrung des Lebens.

Die Macht zur Erkenntnis des Bösen und des Guten. Die Macht zur Selbsterkenntnis, zur Erkenntnis des Gegenübers und des Verbindenden, die Macht zur fortschreitenden Erkenntnis der Schöpfung, der Zusammenhänge und des Wesentlichen.

Licht kann uns aber auch sehr schaden. Es hat die Fähigkeit, uns das Augenlicht zu nehmen, uns blind zu machen. Kann verbrennen, Körpergewebe zerstören, Krebs wachsen lassen.

Im geringsten Fall kann es uns blenden, so blenden, dass wir der Sicht beraubt sind, der Fähigkeit den Augenblick zu erkennen, die sich anbahnende Entwicklung, das vorhersehbare Ende. Manchmal zu unserem Vor-, manchmal zu unserem Nachteil und dem unserer Mitmenschen.

Das Licht, angesichts seiner Allgegenwärtigkeit, seiner Allmacht und seiner geheimnisvollen, für uns nicht ergründbaren Herkunft, macht uns ohnmächtig, rat- und kraftlos, aber auch froh, freudig und zuversichtlich. In allen Religionen heißt es uns hoffen, es zu erkennen. Als das Licht des Baumeisters, wie die Freimaurer sagen.

Licht ist die Liebe, die Hoffnung. Die Hoffnung darauf, dass alle Menschen einander als Menschen erkennen und in Liebe zum Menschsein zusammenleben.

Licht ist die Sprache, in der Gott sich mit uns unterhält. Nicht endend. Wie ein Perpetuum Mobile spricht er über und durch das Licht zu uns. Leider kennen wir bisher weder das Alphabet noch die Grammatik, in der das geschieht.

Dennoch sollten wir versuchen, sie zu erkennen und zu verstehen, so gut wir das in unserer Sprache können, solange wir die Buchstaben seines Alphabets noch nicht gefunden haben. Die Augen dafür haben wir ja, und das Licht auch.

«Blicke oft zu den Sternen empor –
als wandelst du mit ihnen.
Solche Gedanken reinigen die Seele
von dem Schmutz des Erdenlebens.»

Marc Aurel

«We are not human beings,
making a spiritual experience,
we are spiritual beings,
making a human experience.»

Pierre Teilhard de Chardin
(frz. Paläontologe und Philosoph)

VIII Panta rhei

«Panta rhei», alles fließt. Nichts bleibt wie es ist. Darüber habe ich als recht junger Freimaurer geschrieben.

Bis heute ist es dabei geblieben, nichts hat sich an der Einsicht, die auf die Philosophen Heraklit und Platon zurückgeht, geändert.

Sie ist grundsätzlicher Art und von großer Bedeutung für uns und unsere Leben.

Alles ist und bleibt im Fluss: der Kosmos, die Welt, die Erde, die Natur, die Wesen, die Menschen, ihre Lebenspläne, Wünsche, Sehnsüchte, Hoffnungen, Enttäuschungen, Errungenschaften, Niederlagen, Erfolge, ihre Trauer, ihr Leiden, ihr Glück.

Niemand von uns kann daran wirklich etwas ändern.

Wer diese Einsicht hat oder bekommt, kann nicht einfach wie bisher weitermachen. Er muss sich zumindest fragen: Welche Konsequenzen hat die Tatsache, dass alles fortwährend im Wandel ist, für mein persönliches Leben?

Und: Fahre ich angesichts dieser Erkenntnis den richtigen Kurs, mache ich alles richtig? Setze ich die richtigen Prioritäten?

Orientiere ich mich an den richtigen Maßstäben? Folge ich den richtigen Werten?

Unsere Leben sind bis zu ihren Enden dem immerwährenden Wandel, der Veränderung, dem Umbruch unterworfen.

Wehren können wir uns dagegen nicht.

Im Beruf, in der Familie, in der Partnerschaft ist das so und selbst dann, wenn wir ganz allein leben.

Beständig altern wir. Wir erkranken, genesen, zerstören, bauen auf, verlassen jemanden oder gehen eine Bindung ein.

Wir werden ärmer, reicher, uneinsichtiger oder klüger, sicherer oder unsicherer, gewisser oder ungewisser.

Die Kinder werden größer, in der Arbeit ergeben sich neue Perspektiven oder wir verlieren sie unerwartet.

Immer unterliegen unsere Leben einer endlosen Folge von Entwicklungen, deren Herkunft wir selten eindeutig kennen und deren Abläufe wir noch seltener vorausahnen können.

Wir haben nicht die Mittel, den Fluss der Zeit, der Ereignisse und den der plötzlich eintretenden Entwicklungen anzuhalten.

Was wir trotzdem unternehmen, um ihnen zu begegnen, hat selten die erwünschte Wirkung und lässt uns häufig ratlos zurück.

Auf jegliche Entwicklung, außer derjenigen, die wir durch unser eigenes Verhalten und Handeln verursacht haben (sofern uns das überhaupt bewusst ist), haben wir keinen Einfluss.

Es gibt in unseren Leben auch Momente, in denen wir nicht wissen, ob eine Entwicklung, die wir durch unser eigenes Verhalten und Handeln in Gang gesetzt haben, tatsächlich von uns selbst so gewollt und herbeigeführt worden ist, oder ob sie nicht vielleicht auch durch uns bislang unbekannte und auf uns Einfluss nehmende Entwicklungen von außerhalb unserer selbst hervorgerufen sein worden könnte, die wir erst noch ergründen müssen, wenn wir sie erkennen wollen.

Wenn ich weiß, dass immer alles im Fluss ist, unabhängig davon, was ich unternehme, verändert sich die Vorstellung von meinen Koordinaten, Maßstäben und Werten.

Letztlich habe ich keine Gewissheit über sie, denn alles fließt oder wie Heraklit sagt:

«Man kann nicht zweimal in denselben Fluss steigen.»

Im profanen Leben ist das so, in der Freimaurerei nicht. Sie ist zwar wie unser nacktes Leben dem steten Wandel unterworfen, jedoch mit einem großen Unterschied.

Die Freimaurerei, wie wir sie kennen, setzt dem «Panta rhei» des Lebens, der Ungewissheit des Vor-uns-Liegenden das Kontinuum der Menschlichkeit, des Menschenfreund-Seins entgegen.

Wir könnten auch sagen: Das Sich-Ständig-Bewegende, das «Perpetuum mobile», die beständige Arbeit an der Menschlichkeit, die beständige Arbeit daran, ein Menschenfreund zu sein.

Sie - insbesondere als Freimaurerei des Handelns und der Tat - tut das als Lehre und als Lebensschule, die sie zweifellos immer bleiben wird. Indem sie das tut, setzt sie der Ungewissheit, die aus der Einsicht, dass alles im Fluss ist, resultiert, Gewissheit entgegen:

Die Gewissheit, dass *wir* Menschen sind.

Die Gewissheit, dass es einen *glücklich* machen kann, sich im Mensch-Sein zu üben und so die Menschlichkeit unter den Menschen auf vielfältige Weise zu mehren. Die Gewissheit, dass *wir* gegenüber dem «Panta rhei» oder besser mit ihm bestehen können, indem wir es zulassen, es in unsere Leben *integrieren* und bemühen, schlichtweg Menschen zu sein.

Das Kontinuum, ein Mensch zu sein und als solcher sich bewusst dafür zu entscheiden, Menschlichkeit unter uns zu mehren, bewahrt uns davor, im «Panta rhei», im «Alles fließt» unterzugehen und gibt uns die Hoffnung und die Zuversicht, uns eines Tages im Ewigen Osten wiederzusehen und dem Allmächtigen Baumeister zu begegnen.

Freimaurer zu werden und zu sein, bedarf es nicht wenig:

der Wahrnehmung – des eigenen Fremd- und Unvollständig-Seins in der Welt, in der Anschauung derselben, aber auch in den gewohnten Zusammenhängen,

der Suche – nach Freiheit, Gleichheit, Brüderlichkeit und Licht,

der Aufgeschlossenheit – gegenüber dem allgemeinen Wissen und der Bildung seiner selbst,

der Einsicht – in das Unabwendbare und die Endlichkeit des Lebens,

des Verlangens – nach gelebter Menschenliebe,
der Sehnsucht – nach dem Guten als solchem und
der Entschlossenheit, ein Bruder zu sein und danach zu leben.

So ist sie, unsere Freimaurerei, sie hat Ideale und setzt uns Messlatten.

Es sind unsere Ideale.

Stellen wir uns ihrer Herausforderung! In den eigenen Reihen wie draußen vor unseren Türen!

«… bei meiner Ehre
und meinem Gewissen:
mich der Humanität aus vollem Herzen
und mit ganzer Kraft zu widmen …»

Aus einem Freimaurerritual

«Führe jede Tat
deines Lebens
so aus, als ob
sie deine letzte sei.»

Marc Aurel
(röm. Kaiser und Philosoph)

IX Mit Herz und Hand

Auf die Frage «Was soll ich tun?» gibt es so viele Antworten wie Brüder. Das mag allzu vage klingen. Dennoch ist es sehr konkret und relativiert nichts.

Die Freimaurerei ist das Bestreben Vieler, das Wahre, Gute und Schöne zu erreichen. Im Dasein und unter Menschen. Deshalb spricht sie auch vom Tempelbau der Menschheit. Am besten tue ich das, was ich tun möchte, mit Herz und Hand.

Schau, mein Bruder, ich strecke diese Hand aus – es ist meine Rechte – und führe sie zum Herzen, frank und frei, offenen Blickes, guten Mutes, aus der Mitte meines Lebens, aus dem Zentrum meines Mensch- seins heraus – einem unmittelbaren brüderlichen Impuls folgend, der aus meinem Innersten kommt.

Entschlossen, mit Bedacht und im Bewusstsein der Bewegung, die ich gerade vollziehe, lege ich sie mit flacher Innenhand und geschlossenen Fingern auf mein Herz.

Was bin ich gerade im Begriff zu tun? Ich vollziehe das Herzzeichen.*

Gesinnung und Tatkraft nähern sich einander. Indem ich die rechte Hand auf mein Herz setze, bringe ich beide zueinander, bis sie sich gegenseitig bedecken, aufeinander liegen und miteinander zu verbinden beginnen.

Schweigend führe ich so ihr Ineinander-Übergehen herbei, dem ein stilles Eins-Werden beider folgt. Aus der Zweiheit Herz und Hand geht eine Einheit hervor – das Herzzeichen. Genauer betrachtet und sprachlich zutreffender, müsste dieses eher Herzhandzeichen oder Handherzzeichen heißen, um beiden Seiten, der Hand und dem Herzen, gerecht zu werden.

Das Herzzeichen ist eines der schönsten der Menschheit, das auch in die Freimaurerei, in ihre Geschichte, in ihre Rituale und in ihre Lehren Eingang gefunden hat.

Unter der Vielfalt der brüderlichen Gesten funkelt es

---

* Das Herzzeichen wie wir es aus dem öffentlichen Leben kennen, ist allgemeines Menschengut und bedeutet so viel wie «Die Wahrheit sagen, aufrichtig sein». Als solches hat es auch seine Verwendung in der Freimauerei gefunden, jedoch in abgewandelten Formen und nicht in allen freimaurerischen Systemen. Ich spreche hier über das öffentlich hinlänglich bekannte Herzzeichen, das Arkanum der freimaurerischen Zeichen ist nicht berührt.

wie ein Stern am klaren Nachthimmel. Es ist schlicht, edel und zeitlos schön. International und eindeutig. Menschen überall auf der Welt verstehen es, wenn es ausgeführt wird.

Da widmet sich jemand einem Menschen, einer Angelegenheit, einer Sache mit Herz und Hand, sozusagen mit seinem gesamten Menschsein, mit seinem ganzen Wesen, mit all seiner Kraft oder er gedenkt jemandes oder er ehrt jemanden auf diese Weise.

Ich halte das Herzzeichen sogar für das zentralste, bedeutendste und prägendste Zeichen in der Freimaurerei.

Symbolisiert es doch in aller Stille die immerwährende bis zum Tode reichende Bereitschaft, ein aufrichtiger, ehrlicher und tatkräftiger Mensch und Bruder zu sein und zu werden. Wir wissen allerdings wenig über seine Ursprünge, und seine Herkunft aus der Freimaurerei ist nicht gesichert. Womöglich ist es viel älter.

Im Mittelalter bezog sich die Wendung «Hand aufs Herz» auf eine Schwurgeste, bei der die rechte Hand auf die linke Brustseite gelegt wurde, um eine Verbindung zum Herzen zu schaffen und so die Wahrhaftigkeit der Aussage zu bekräftigen. Menschen, die sich erschrecken, Menschen, die einen seelischen oder körperlichen Schmerz verspüren, oder Menschen, die sich ein Herz fassen, um etwas lange Hinausgeschobenes zu beginnen, führen diese Gebärde auch aus. Wer seiner Ehrbezeugung für jemanden oder für eine Sache ein unmissverständliches Bild geben will, der vollzieht diese Geste ebenfalls.

Seit 1931 beispielsweise schreibt der United States Code, eine Anweisung zum Verhalten beim Abspielen der amerikanischen Nationalhymne «The Star-Spangled Banner», vor, was Anwesende tun müssen: Aufstehen, sich der Flagge zuwenden und die Hand aufs Herz legen.

Fußballspieler oder Sportler anderer Mannschaftssportarten tun das vor Beginn großer Turniere beim Erklingen der Hymne auch.

Wer wie ich gern Karl May gelesen hat oder liest, der weiß, dass Winnetou und Old Shatterhand sich nahezu immer mit einer Geste begrüßen und verabschieden, die an das freimaurerische Herzzeichen erinnert. Immer ist es etwas sehr Besonderes und nicht Alltägliches, wenn uns das Herzzeichen im Leben begegnet oder wir uns vielleicht selbst veranlasst sehen, es zu geben.

Auch in der Freimaurerei ist das Herzzeichen allgegenwärtig. Es steht am Anfang und am Ende des Erkenntnisweges, den ein Mensch, der Freimaurer wird, betritt.

Der begleitende Bruder bedeutet dem Neuaufzunehmenden, die rechte Hand an sein Herz zu legen, bevor er an die Tür des Tempels tritt.

Vom Bruder, der uns in den ewigen Osten vorausgegangen ist, verabschieden wir uns mit dieser Geste. Das Herzzeichen ist Ausdruck sehr inniger Verbundenheit, großer Gefasstheit, innerer Sammlung und Ordnung. Es signalisiert in der Freimaurerei wie im profanen Leben international und allgemein die Bereitschaft, sich mit ganzer Kraft einem Menschen (dem Bruder), einer Angelegenheit (der Freimaurerei) oder einer Sache (dem Ritual) zu widmen. Das wird noch deutlicher, wenn wir uns vergegenwärtigen, wofür die Worte Herz und Hand stehen. Das Wort Herz, mittelhochdeutsch «herze» und althochdeutsch «herza» ist ein altes indogermanisches Wort. Es steht für Zentrum, Mittelpunkt, innerster Bereich des Menschen, für Liebe, Leben, Gefühle, Ausdauer, Güte, Sinnlichkeit, für das Zentrum der Empfindungen, des Mutes und der Entschlossenheit, für das Gesamte also, das uns als Menschen ausmacht.

Es gibt unzählige Redewendungen, Sprichworte und Redensarten in Verbindung mit dem Herzen wie zum Beispiel «etwas schweren oder leichten Herzens tun», «jemanden in sein Herz schließen» oder «man kann einem Menschen nicht ins Herz sehen». Gut und gerne an die hundert solcher Wendungen existieren. Der Duden weist gar 451 Wortverbindungen mit «Herz» aus.

Immer geht es beim Herzen, das von der Hand berührt wird, darum, etwas aus der Mitte seines eigenen Seins heraus zu spüren, zu erleben, zu erfahren, zu erleiden und zu tun.

Das Wort «Hand» steht für Mut, Tatkraft, Treue, Fleiß, Unschuld. Es kommt aus dem Englischen, und der Duden spricht von mehr als 1600 Wortverbindungen, die mit der Hand verknüpft sind.

Es wird offensichtlich, was dabei herauskommt, wenn wir Mut, Tatkraft, Treue und Fleiß – unsere Hand – mit dem Mittelpunkt, dem Sitz unseres Lebens, unserer Gefühle, unserer Güte und Entschlossenheit – unserem Herzen – verbinden: Eine ungeheure Kraft, eine konzentrierte Bewusstheit, eine ernste Gefasstheit, eine mutige Entschlossenheit und eine wache Bereitschaft zum tätigen Handeln für das Gute manifestieren sich im Herzzeichen.

Wenn wir im Herzzeichen stehen, zeigen wir, dass wir jemandem sehr zugetan sind oder etwas auf diese Weise mit Herz und Hand fördern wollen. Die Wendung «mit Herz und Hand» ist zwar recht veraltet, aber sehr schön, steht sie doch unserem Herzzeichen sehr nah. Sie stammt übrigens aus dem Gedicht «Mein Vaterland» von Hoffmann von Fallersleben, unserer Nationalhymne, geschrieben im Jahr 1839, in – mit Blick auf die Menschen- und Bürgerrechte – revolutionären Zeiten also. Genauer gesagt stammt sie aus der dritten Strophe, in der es heißt: «Einigkeit und Recht und Freiheit, für das deutsche Vaterland! Danach lasst uns alle streben brüderlich mit Herz und Hand.»

Mit Herz und Hand, ich zitiere aus dem Duden, meint: «Etwas mit herzlicher Zuneigung und den entsprechenden Handlungen zu tun, voll und ganz.»

Meine Brüder, lasst uns, wenn wir im Herzzeichen stehen, daran denken, was dies bedeutet, mit Herz und Hand ein Bruder zu sein: Nichts anderes als stets aufrichtig und ehrlich und mit herzlicher Zuneigung füreinander Brüder zu sein und mit offenherziger Tatkraft und Überzeugung danach zu handeln. Das Herz in die Hand zu nehmen und Courage zu zeigen, Mut zu fassen und, wenn nötig, sich auch selbst überwinden zu können und in Demut zu üben.

Die Freimaurerei sollte nicht als Einrichtung zur Pflege von Vereinsbefindlichkeiten in die Geschichtsbücher eingehen.

Vielmehr sollten unsere Logen als Horte der Tatkraft für eine menschlichere und bessere Welt, als Stätten echter Herzensbildung und als wahre Zufluchtsorte der Gedankenfreiheit der Menschheit gelten und in Erinnerung bleiben.

Wir sollten uns, wie es so schön in einem Ritual heißt, «im Streben nach dem Guten weder von irdischen Interessen noch von der Besorgnis um das, was nach dem Tode zu erwarten ist, beeinflussen lassen».

Jeder von uns steht dafür in der Verantwortung – vor sich selbst, vor seinen Brüdern und vor seinen Mitmenschen – mit der Hand auf seinem Herzen.

«Wer seinem Bruder zürnt,
weil er sich von ihm verletzt glaubt,
der verzeihe es ihm aus ganzer Seele,
damit wir alle miteinander
reinen Herzens vereinigt sind.»

Aus einem Freimaurerritual

Über das Buch

Ich bin beeindruckt und sehr erfreut, dass hier einmal Sätze formuliert wurden, die eigentlich einem jeden Bruder als nicht nur Betragens-, sondern auch Lebenshilfe verinnerlicht sein sollten. Aus ihnen spricht viel Behutsamkeit und Ehrfurcht, Überlegung und Empathie.

Schön ist es auch, dass dies alles über eine Anleitung zum Benimm weit hinausgeht und ein Wegweiser für die **Gesinnung** eines jeden Bruders sein sollte. Ein stringentes Werk, das so, wie es vorliegt, in sich stimmig und wertvoll ist. Ich kann nur wünschen, dass es – auf welche Weise auch immer – einem großen Kreis unter den Brüdern zur Kenntnis gelangt.

Br. Michael von Swiontek

Über den Autor

Bruder Sylvio J. Godon, Redakteur, Slawist und Germanist, seit 32 Jahren in der Großloge der Alten Freien und Angenommenen Maurer von Deutschland (A.F.u.A.M.), seit 28 Jahren im Alten und Angenommenen Schottischen Ritus (A.A.S.R.), wurde als Tübinger Student in der Loge «Johannes zum wiedererbauten Tempel» in Ludwigsburg zum Freimaurer aufgenommen. Er ist Altstuhlmeister der Lindauer Loge «Insel zu den drei Ufern» und hat unter anderem viele Jahre lang die Perfektionsloge «Jan Amos Comenius» des A.A.S.R in Konstanz geleitet. Freimaurerei ist für ihn eine Herzensangelegenheit. Mit der vorliegenden Schrift möchte er Brüder Freimaurern einen Wegbegleiter an die Hand geben.